DENKSPORT UND KNOBELAUFGABEN

DENKSPORT UND KNOBELAUFGABEN

Ravensburger Buchverlag

INHALT

Hallo Knobelfan!

Du machst gern lustige Denkspiele, löst spannende Rätsel und knackst verzwickte Knobelaufgaben? Dann bist du hier genau richtig! In diesem Buch warten jede Menge knifflige Sprach-, Logik- und Rechenrätsel, Konzentrations- und Gedächtnisaufgaben auf dich.
Am Ende jedes Kapitels findest du außerdem tolle Spielideen, die du mit deinen Geschwistern oder Freunden ausprobieren kannst. Da sind Spannung und Spaß garantiert und ganz nebenbei bringst du deine grauen Zellen in Schwung!

Noch einige Tipps:

→ Hier sind Profis gefragt: Die Aufgaben mit der 💡 sind etwas kniffliger.

→ Löse die Knobelaufgaben auf einem Blatt Papier, dann kannst du sie mehrmals bearbeiten.

→ Auf den Seiten 57 bis 63 findest du die Lösungen zu den Aufgaben. Hier kannst du vergleichen, ob du die Aufgaben richtig gelöst hast. Aber nicht schummeln und vorher nachschauen!

Viel Spaß beim Knobeln und Rätseln!

Tierischer Wörterstau

Am Wasserloch ist Stau. Finde heraus, welche Tiere warten.
Ein Tier in jeder Reihe ist falsch. Welches?

→ LÖWEELEFANTZEBRAEISBÄRAFFENASHORNGIRAFFEANTILOPE

→ GNUWARZENSCHWEINTIGERLEOPARDHYÄNEGEIERBÜFFEL

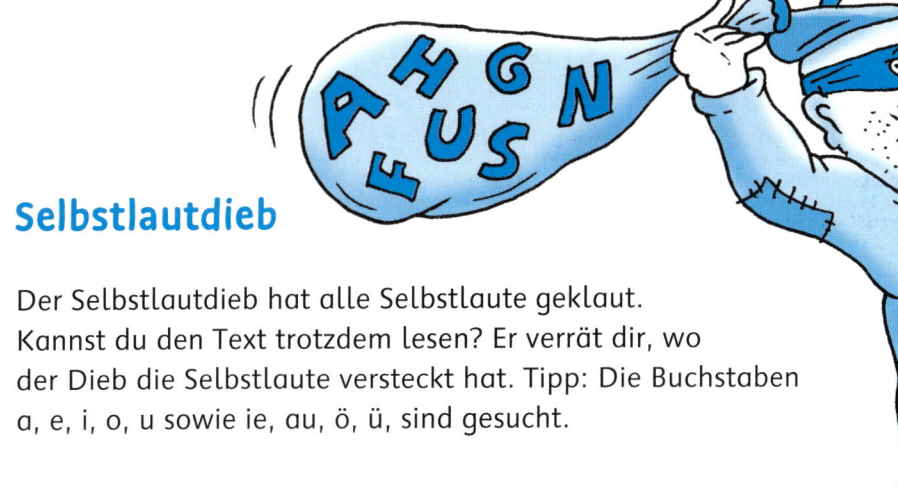

Selbstlautdieb

Der Selbstlautdieb hat alle Selbstlaute geklaut.
Kannst du den Text trotzdem lesen? Er verrät dir, wo
der Dieb die Selbstlaute versteckt hat. Tipp: Die Buchstaben
a, e, i, o, u sowie ie, au, ö, ü, sind gesucht.

D   fndst   d   Slbstlt   n   dr   Htt   m   Bch.   ffn   d   Tr
nd   gh   n   d   Kch.   Drt   msst   d   d   Schbld   fmchn
nd   dn   Schlssl   hrsnhmn.   Nn   knnst   d   dn   Schrnk
fschlßn   nd   d   Slbstlt   hrslssn.

Blinder Passagier

In jeder Reihe passt ein Wort nicht zu den anderen.
Weißt du, welches es ist?

→ Schrank – Tisch – Stuhl – Tasse – Regal – Sofa
→ Hund – Katze – Maus – Biene – Kuh – Esel
→ Berlin – Hamburg – Paris – Köln – München – Stuttgart
→ Spatz – Amsel – Drossel – Fink – Ente – Star

Zungenverknoter

Sprich jeden Satz, so schnell du kannst, dreimal hintereinander.
Aber pass auf, dass deine Zunge keinen Knoten bekommt!

Die Katze tritt die Treppe krumm.

Zwischen zwei Zwetschgenzweigen
zwicken sich zwei zwitschernde Schwalben.

Der drollige Dackel duckt sich
im Dunkeln vor drei Drachen.

Denk dir eigene Zungenbrecher aus oder
lass deine Freunde die Zungenbrecher
aufsagen. Wer schafft es am schnellsten
fehlerfrei?

Tipp

Grenzenverschieber

Hier war der Grenzenverschieber am Werk und hat die Wortgrenzen verschoben. Kannst du die Sätze trotzdem lesen?

→ DIEM AU SISST KÄSE.
→ DER PAPA G EIS ITZ TAUF DEM ELEF ANT EN.
→ D ERGÄR TN ER KAUFT BLUMENTO PFERDE.
→ DIEB RAU NEK UHM ACHTL EIS EM UH.

Treffen sich zwei Mäuse . Plötzlich fliegt eine Fledermaus vorbei. Da sagt die eine Maus zur anderen: „Wenn ich groß bin, werde ich auch Pilot!"

Scherzkekse

Kannst du diese Fragen beantworten?

1. Wer geht zuerst ins Schloss?
2. Wer hat ein Bett und kann doch nicht schlafen?
3. Welcher Peter macht den meisten Lärm?
4. Was macht man, wenn man in der Wüste eine Schlange sieht?
5. Wie kommt eine Ameise über den Fluss?

Wer oder was bin ich?

Wer oder was ist hier wohl gemeint? Kannst du es erraten?

1. Sag mir doch den Vogel an, der seinen Namen rufen kann!

2. Wie heißt das Ding – es ist aus Eisen, hat keinen Mund
und kann doch beißen?

3. Ich gehe alle Tage aus und bleibe doch in meinem Haus.

4. Ich möchte doch wissen, wer das ist, der immer mit
zwei Löffeln isst.

5. Was hat sechs Beine und geht nur auf vier?
Was ich damit meine, das sage mir.

Buchstaben-Sudoku

Welche Buchstaben fehlen hier?
In jeder Zeile, jeder Spalte und
in jedem der vier größeren
Quadrate sollen die Buchstaben
A, B, C, D zu finden sein.

	A	C	
B			A
C	B		D
A		B	C

💡 Streng geheim! Mission 1

Inspektor Grün sucht den verschwundenen Förster. Im Wald findet er eine geheime Nachricht. Kannst du sie entschlüsseln?

Schreibe die Zahlen von 1 bis 26 auf einem Zettel untereinander auf. Schreibe neben die Zahlen die Buchstaben des Abc (1=A; 2=B; …). Achtung: Lies UE als Ü.

> 8 9 12 6 5! 4 9 5 – 5 14 20 6 21 5 8 18 5 18 –
> 2 18 9 14 7 5 14 – 13 9 3 8 – 26 21 13 –
> 12 1 21 2 23 1 12 4.

Der Inspektor schaut sich um. Im Norden sieht er Tannen, im Osten Kiefern, im Süden Eichen und im Westen Fichten. Wo findet er den nächsten Hinweis?

Buchstabenchaos

Hier hat jemand die Buchstaben durcheinandergebracht. Findest du die Namen der Meerestiere heraus?

⇢ e f D i l n
⇢ w P a l t t o
⇢ r e e e S s t n
⇢ i H a h m r m e a

⇢ i s f T n h i c t e n
⇢ e l e a F r e u q u l
⇢ e p f S e r e d h n c e
⇢ r e s n e M c e e s c h k e

Lage: egal

Fünf der Wörter unten ergeben vorwärts und
rückwärts gelesen dasselbe Wort. Findest du sie?

Anna	Lagerregal
Fünf	Nebel
nehmen	Reittier
Rentier	Ritter
Rentner	Gnubelebung

Buchstabenfresser

Hier siehst du fünf Sätze, die vorwärts und rückwärts gelesen
werden können. Allerdings hat der Buchstabenfresser sein
Unwesen getrieben. Kannst du die Sätze trotzdem lesen?

⟶ Nette _ehe   re_ _en.

⟶ Rettender   R_tt_r, red   ne_ _er!

⟶ _ei _ein, nie fies!

⟶ Ein Ese_ _ese nie.

⟶ Trug _ _ _ eine so helle Hose
  _ _ _ mit Gurt?

💡 Streng geheim! Mission 2

Der Inspektor ist nach Süden gegangen und erreicht den
Laubwald. An einer Eiche entdeckt er wieder einen Zettel mit
einer verschlüsselten Nachricht. Wie lautet sie?
Tipp: B=A, C=B, D=C … Achtung: Lies UE als Ü.

XJS HFIFO AVS BMUFO KBHEIVFUUF.
EPSU MJFHU EFS TDIMVFTTFM.
WPSTJDIU EPSOFO!

Der Inspektor läuft los. Ratlos bleibt er vor der Hütte stehen.
Er sieht einen Stein zwischen Disteln, einen Blumentopf mit einem
Rosenstrauch und einen hohlen Baumstumpf, der von Brennnesseln
umgeben ist. Wo muss er nach dem Schlüssel suchen, um den
Förster befreien zu können?

Scherzkekse 2

Kannst du diese Fragen beantworten?

1. Woran erkennt man, dass ein Elefant im Kühlschrank ist?
2. Was macht ein Glaser, wenn er kein Glas hat?
3. Warum benutzt ein Pferd auf dem Fahrrad nie die Klingel?
4. Was ist weiß und steigt aus der Erde?
5. Was fliegt in der Luft und rasselt?

Silben-Sudoku

Welche Silben fehlen hier?
In jeder Zeile, in jeder Spalte
und in jedem der vier größeren
Quadrate sollen die vier
Silben BLU-MEN-GAR-TEN
zu finden sein.

BLU		GAR	
	TEN		MEN
	BLU	MEN	
MEN			BLU

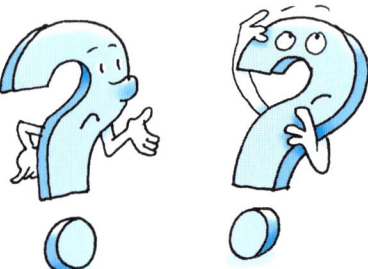

Häschen hüpf

Luis beobachtet auf dem Feld Hasen. Ein Hase hoppelt
vor zwei Hasen, ein Hase hoppelt zwischen zwei Hasen
und ein Hase hoppelt hinter zwei Hasen.
Wie viele Hasen beobachtet Luis?

Himmel und Hölle

Für 2 bis 6 Spieler

Ihr braucht:
→ *Kreide*
→ *einen kleinen Stein*

Spielanleitung

Malt mit Kreide ein Spielfeld wie im Bild rechts
auf den Gehweg und tragt die Zahlen 1 bis 6
sowie die Begriffe Himmel und Hölle in die Felder ein.
Stellt euch dem Alter nach hintereinander auf. Das jüngste Kind
steht vorne und darf beginnen.
Es wirft den Stein auf das erste Feld (Feld 1) und hüpft mit beiden
Füßen darauf. Nun muss es ein Wort mit einer Silbe (z.B. Tag)
nennen.
Es hebt den Stein auf, hüpft zurück zum Start und stellt sich hinten
an. Dann ist das nächste Kind dran.
In der zweiten Runde wird auf Feld 2 geworfen und ein Wort mit
zwei Silben (z.B. Au-to) genannt.
In der dritten Runde werft ihr auf Feld 3 und nennt ein Wort mit
drei Silben (z.B. To-ma-te) usw. bis zur 6.

Achtung: Wer nicht das richtige Feld trifft oder kein passendes
Wort nennen kann, muss es in der nächsten Runde noch mal
versuchen. Jedes Wort darf nur einmal verwendet werden.
Wenn dein Stein in der Hölle landet, musst du wieder bei Feld 1
beginnen!

Gewonnen hat, wer als Erster die Hölle übersprungen hat und im
Himmel gelandet ist.

Pantomime

Für mindestens 3 Spieler

Ihr braucht:
- → *Stifte*
- → *kleine Papierzettel*

Spielanleitung

Schreibt auf jeden Zettel ein Wort (Namen- oder Tunwörter).
Faltet die Zettel und legt sie auf einen Haufen.
Das älteste Kind beginnt. Es zieht einen der Zettel und muss nun
den Begriff pantomimisch, das heißt ohne Worte, darstellen.
Die anderen Kinder raten, was es sein könnte. Errät ein Kind den
gesuchten Begriff, darf es mit dem nächsten weitermachen.

Vorschläge für Wörter: Ritterrüstung, Ritterschlag, Ritterturnier,
Baumhaus, Fahrrad, Auto, Koffer …

Was ist gleich?

Immer zwei Figuren in einer Reihe sind genau gleich.
Findest du sie?

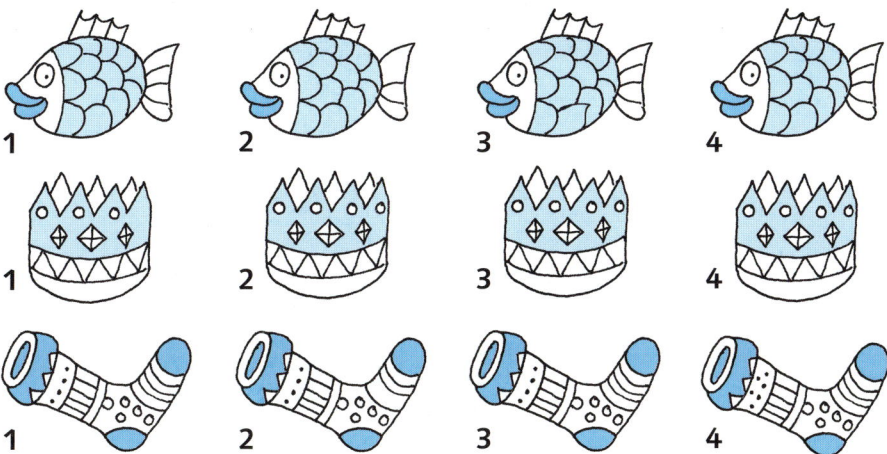

Zahlenverdreher

Tim erzählt: „Meine Telefonnummer 93739 kann man vorwärts
und rückwärts wählen und man erreicht mich immer."
Welche dieser Telefonnummern kannst du ebenfalls vorwärts
und rückwärts wählen?

1. 504405 **3.** 483384 **5.** 51315 **7.** 113411
2. 767867 **4.** 367273 **6.** 13531 **8.** 626326

Eindeutig zweideutig

Schau dir das Bild unten genau an.
Was erkennst du?

„Aber Lara", sagt der Lehrer,
„du solltest doch ein Zelt
und einen Mann malen.
Wo ist denn der Mann?"
„Im Zelt, Herr Lehrer."

Kauderwelsch

Der Außerirdische Xexano kommt vom Planeten Xenoxus.
Er hat noch Schwierigkeiten mit unserer Sprache.
Kannst du ihn trotzdem verstehen?

Ixcxhx hxexixßxex Xxexxxaxnxox.
Mxixrx gxexfxäxlxlxtx exsx axuxfx dxexrx Exrxdxex.
Axmx lxixexbxsxtxexnx fxaxhxrxex ixcxhx Fxaxhxrxrxaxdx ixmx
Mxoxnxdxsxcxhxexixnx.

Verschlungene Wege

Versuche herauszufinden, welcher Weg wohin führt.
Verfolge die Linien nur mit den Augen.

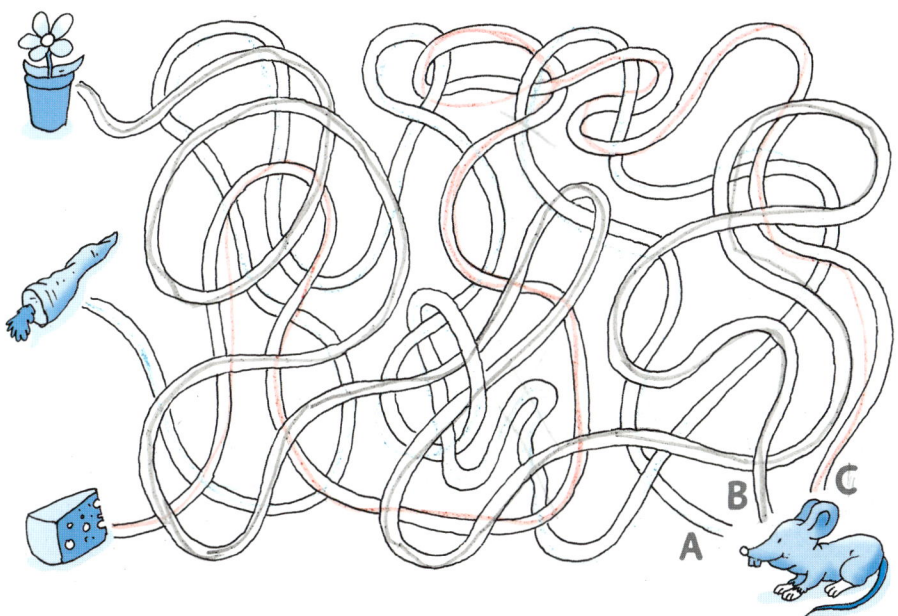

Papperlapapp

Professor Dreistein hat einen Papagei, der eine eigene Geheim-
sprache spricht. Er bringt bei einigen Wörtern die Buchstaben
durcheinander. So sagt er zum Beispiel „Ich fahre nur mit **Mehl**."
Er meint aber: „Ich fahre nur mit **Helm**."
Weißt du, was hier gemeint ist?

„Im Sommer sind besonders lange **Feiern**."
„Am Strand steht eine große **Ampel**."
„Heute Abend schaue ich **Ehrensenf**."

Schwarz auf weiß

Fotograf Paul Klick hat seine Bildermappe fallen lassen.
Kannst du ihm helfen die Bilder wieder ihren Negativen
zuzuordnen?

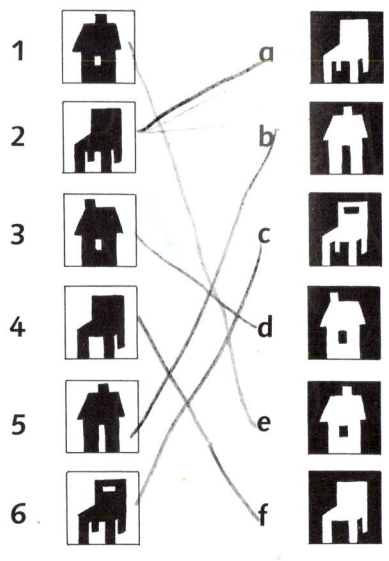

Der scharfe Blick

In jedem Block ist eine Zahl falsch.
Findest du sie?

11111111111	333333333333	666666666666
11111111111	333333333333	666666666666
111171111111	333333333333	666666666666
11111111111	333333383333	666666666666
11111111111	333333333333	666666666669
11111111111	333333333333	666666666666

Schau genau!

Schau dir die Bilder ganz genau an und beantworte die Fragen.

Welche Linie ist länger?   Welcher Innenkreis ist größer?

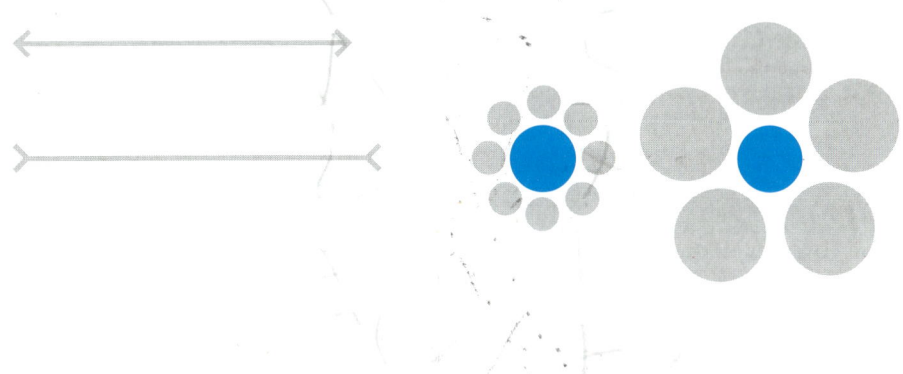

Zahlenzauberei

Max behauptet: „Ich kann jede beliebige Zahl in einen Zahlendreher verwandeln." Als Beweis rechnet er folgende Aufgabe mit der Zahl 2651. Findest du seinen Trick heraus? Versuche es auch mit eigenen Zahlen.

```
  2651
+ 1562
───────
  4213
+ 3124
───────
  7337
```

Lies die Zahlen vorwärts und rückwärts!

Tipp

Sonnig und heiter

Fritz, der Wetterfrosch, möchte zum Teich. Er kann aber nur
von Wetterzeichen zu Wetterzeichen hüpfen. Hilf ihm, den Weg
zu finden, indem du mit dem Finger immer an den Zeichen
entlangfährst. Achte auf die Reihenfolge: Sonne, Wolke, Blitz!

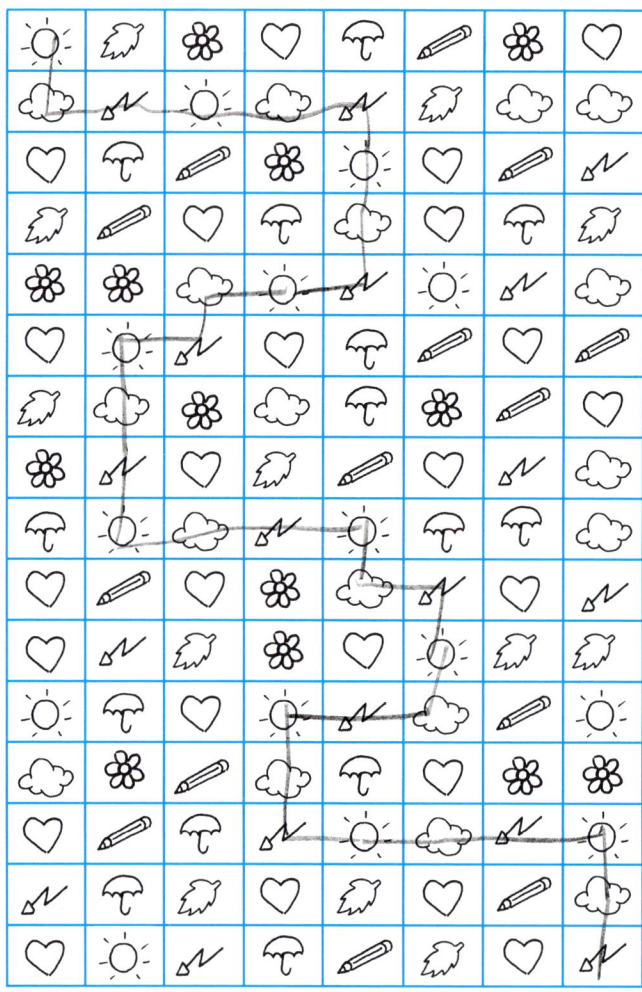

Kippkönig

Drei Mäuse finden einen Würfel und wetten, wer den Würfel mit zwei Versuchen so kippen kann, dass er die höchste Augenzahl erhält. Maus Herbert beginnt. Der Würfel liegt am Anfang genauso wie auf dem Bild. Welche Maus gewinnt?

Nimm einen Würfel und stelle ihn in die richtige Position. Nun kannst du die Züge mitmachen.

Tipp

Herbert kippt den Würfel zweimal nach vorne und lässt ihn liegen. Welche Zahl liegt oben?

Mimi kippt den Würfel aus dieser Position zweimal nach rechts und lässt ihn liegen. Welche Zahl liegt oben?

Alfons kippt den Würfel einmal nach links und dann einmal nach vorne. Welche Zahl liegt nun oben?

Ohne Unterbrechung

Versuche die neun Münzen mit dem Finger mit vier geraden Linien zu verbinden, ohne abzusetzen!

Auf den ersten Blick?

Schau dir den kleinen Ausschnitt links genau an. Findest du ihn auf dem großen Bild wieder?

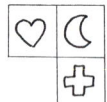

Buchstabensammler

In jedem Satz kommt der Anfangsbuchstabe der Wörter mehrmals vor. Wie oft genau?

1. Fröhliche Feen fliegen freiwillig freundlich.

2. Zehn zahme Zicklein ziehen zwanzig Zentner Zauberzucker zum Zoo.

3. Energische Elefanten essen eifrig erst einmal etwas Erfrischendes.

Der Zauberwald

Für mindestens 2 Spieler

Ihr braucht:
→ *1 Tuch*

Spielanleitung
Geht nach draußen und sucht euch einen Ort mit mehreren
Bäumen aus. Das jüngste Kind bekommt als Erstes die Augen mit
dem Tuch verbunden. Ein anderes Kind führt es zu einem Baum.
Das Kind mit den verbundenen Augen darf den Baum nun mit den
Händen ausgiebig ertasten. Wenn es denkt, ihn wiedererkennen zu
können, wird es zurückgeführt und das Tuch wird abgenommen.
Jetzt muss es den Baum wiederfinden.

Spieglein, Spieglein an der Wand

Für 2 Spieler

Spielanleitung
Stellt euch mit einem Schritt Abstand einander
gegenüber. Entscheidet, wer Schauspieler und
wer Spiegel ist. Der Schauspieler beginnt nun
einfache Bewegungen (Hand heben, Kopf nicken usw.) zu machen
und der Spiegel muss versuchen so schnell wie möglich das
Gleiche zu tun. Achtet darauf, welche Körperseite ihr benutzt!
Nach und nach kann der Schauspieler immer schwierigere
Bewegungen vormachen.

Ich sehe was, was du nicht siehst

Für mindestens 2 Spieler

Spielanleitung

Das älteste Kind beginnt und sucht sich einen Gegenstand in der Umgebung aus. Es sagt: „Ich sehe was, was du nicht siehst, und das ist (Farbe nennen)." Die anderen Kinder schauen sich um und raten der Reihe nach, was es sein könnte. Wird der Begriff erraten, darf das Kind weitermachen, das ihn gefunden hat.

Villa Kunterbunt

Für mindestens 2 Spieler

Ihr braucht:
→ *Tüten oder Körbchen für jeden Spieler*
→ *verschiedenfarbige Kärtchen*

> Wenn ihr ein bisschen geübt habt, könnt ihr daraus auch ein kleines Clowntheater machen und es euren Eltern vorführen.
>
> **Tipp**

Spielanleitung

Jeder Spieler braucht eine Tüte oder ein Körbchen. Nun wird das erste Kärtchen gezogen (z.B. ein blaues). Die Aufgabe ist es, so schnell wie möglich fünf Gegenstände in dieser Farbe zu sammeln. Den Bereich, in dem gesucht werden darf, legt ihr vorher fest (Zimmer, Haus, Garten …). Wenn ein Kind fünf Dinge hat, hören die anderen auf und die nächste Farbe wird bestimmt. Gewonnen hat das Kind, das die meisten passenden Gegenstände gesammelt hat.

Bunt gemischt

Hier musst du ganz genau nachdenken.
Kannst du das Logikrätsel lösen?

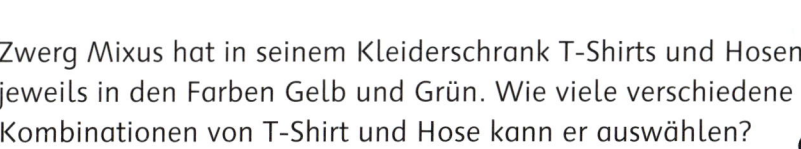

Zwerg Mixus hat in seinem Kleiderschrank T-Shirts und Hosen
jeweils in den Farben Gelb und Grün. Wie viele verschiedene
Kombinationen von T-Shirt und Hose kann er auswählen?

Zündende Idee 1

Lege 17 Streichhölzer wie im Bild unten zu sechs Quadraten.
Nimm fünf der Hölzer weg, sodass drei Quadrate übrig bleiben.

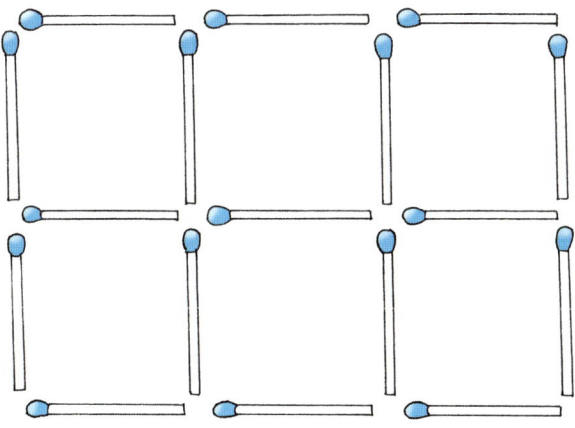

Zauberrat

Beim jährlichen Treffen des Zauberrates hat der Wind den
Zauberern die Hüte vom Kopf geweht. Ein Hut ist gelb, einer
grasgrün, einer rosarot und ein Hut ist lilablassblau.
Welcher Hut gehört Abraka, Bing, Blauratius und Rexmex?

Klatsche die Silben der Farben
und der Zauberernamen.

Tipp

Piratenschatz

Zehn Piraten haben ein Säckchen mit genau zehn Goldstücken
erbeutet. Nun wollen sie ihre Beute so aufteilen, dass jeder
Pirat ein Goldstück erhält und trotzdem eines im Säckchen bleibt.
Wie kann das gehen?

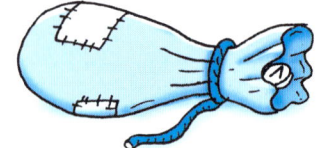

Ritterturnier

Beim großen Ritterturnier haben diese Ritter die ersten Plätze belegt. Wie heißen sie und wer hat welchen Preis bekommen?

1. Die Ritter heißen Siegfried, Götz und Kunibert.
2. Ein Ritter ist größer als Kunibert und Götz.
3. Ein Ritter ist kleiner als Götz.
4. Der Sieger hat ein Säckchen Goldmünzen bekommen, der Zweite einen silbernen Pokal und der Dritte eine Bronzemedaille.
5. Der Ritter mit dem Schild ist nicht Erster und nicht Zweiter.
6. Ritter Kunibert hat das Säckchen mit Goldmünzen gewonnen.

Tierisches Trio

Marie, Lea und Pia haben jeweils ein Haustier. Zusammen haben sie ein Meerschweinchen, eine Katze und einen Hasen. Findest du heraus, wem welches Haustier gehört?

Marie hat keine Katze.
Pia gehört das Meerschweinchen.
Lea hat kein Meerschweinchen.

Eiereinerlei

Du brauchst vier Minuten, um vier Eier zu kochen.
Wie lange brauchst du, um sieben
Eier zu kochen?

Augenzeuge

Kommissar Kolbe geht abends mit seinem Hund spazieren. Als er
an der Bank vorbeikommt, sieht er an der Wand das Schattenbild
eines Mannes. Am nächsten Tag liest er in der Zeitung:
„Banküberfall: Täter gesucht!" Darunter findet er drei Bilder von
Verdächtigen und erkennt den Täter sofort. Du auch?

Umgedacht

Kannst du die Aufgaben lösen?
Gleiche Formen stehen jeweils für dieselbe Zahl.

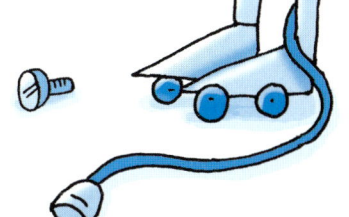

$$\square \times \square = \triangle$$

$$\bigcirc - \square = \triangle$$

$$\triangle + \square = \bigcirc$$

$$\bigcirc : \square = \ ?$$

Jedes Quadrat steht
für die Zahl 3.

Tipp

Ene mene Miste

Eine Schulklasse macht eine Schnitzeljagd.
Die Lehrerin will die 26 Kinder in gleich große
Gruppen aufteilen. Ihr Plan geht nicht ganz auf.
Wie viele Gruppen werden gebildet und wie
viele Kinder sind in jeder Gruppe?

In einer Gruppe muss ein
Kind mehr sein.

Tipp

Doppelpack

Zwei Väter und zwei Söhne unternehmen eine Kanutour.
Jeder fährt allein in einem eigenen Kanu. Es befinden sich aber
nur drei Kanus im Wasser. Wie kann das sein?

Klar wie Kloßbrühe!

Maja sitzt mit ihrer Familie beim Mittagessen. Es gibt Suppe.
Die Familie hat fünf Mitglieder.
Der Vater heißt Bernd und ist 37 Jahre alt, die Mutter ist
drei Jahre jünger. Sie haben drei Töchter. Die erste heißt Nora
und ist neun Jahre alt. Die zweite Tochter, Jule, ist elf.

Wie heißt die **dritte** Tochter?

☼ Zündende Idee 2

Ordne 16 Streichhölzer wie im Bild unten an. Lege zwei
der Hölzer so um, dass vier Quadrate entstehen.

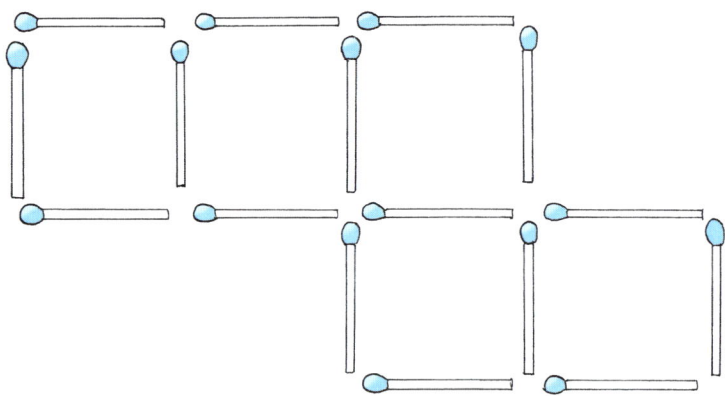

Um-die-Ecke-Denker: Burgbaumeister

Andi, Katja, Tine und Flo haben jeder eine Sandburg gebaut.
Findest du heraus, wer welche Burg gebaut hat?

Andis Burg ist kleiner als die von Katja.
Tines Burg ist kleiner als die von Katja.
Flos Burg ist kleiner als Andis Burg,
aber nicht die kleinste.
Wer hat welche Burg gebaut?

Male die vier Burgen auf ein Blatt Papier.
Beginne links mit der größten und
ordne dann die Namen zu.

Tipp

Adlerauge

Welche Symbole fehlen in der letzten Reihe?

🐟	🪶	☀	🪓	⤆
🪶	☀	🪓	⤆	🐟
☀	🪓	⤆	🐟	🪶
🪓	⤆	🐟	🪶	☀

⚙ Schneckenstrecken

Auf einer Wiese steht ein 10 Meter hoher Baum. Eine Schnecke möchte nach ganz oben. An jedem Tag schafft sie 3 Meter, rutscht nachts im Schlaf aber wieder 2 Meter herunter.
Wie viele Tage braucht sie, bis sie ihr Ziel erreicht hat?

Zeichne einen Baum auf ein Blatt Papier und teile ihn in zehn gleich große Abschnitte ein. Zeichne jeweils die Kletterstrecke mit einer Farbe und die Abrutschstrecke mit einer anderen Farbe ein.

Tipp

Zahlenreihenknacknuss

Die Ziffern 1 bis 9 stehen hier in einer bestimmten Reihenfolge. Nach welchem Prinzip wurden sie geordnet?

Sprich dir die Zahlen laut vor und achte auf die Anfangsbuchstaben.

Tipp

8 3 1 5 9 6 7 4 2

Tic Tac Toe

Für 2 Spieler

Ihr braucht:
→ *1 Blatt Papier*
→ *2 Stifte*

Spielanleitung

Zeichnet ein Spielfeld wie rechts auf ein Blatt Papier. Entscheidet, wer das X und wer das O verwendet. Ihr setzt abwechselnd eure Zeichen. Wer als Erster drei seiner Zeichen in einer Reihe, Spalte oder Diagonale platzieren kann, gewinnt.

Vier gewinnt

Für 2 Spieler

Ihr braucht:
→ *2 verschiedenfarbige Stifte*
→ *kariertes Papier*

Spielanleitung

Zeichne auf dem Papier ein Spielfeld, sieben Kästchen breit, sechs Kästchen hoch. Ein Spieler setzt in der untersten Zeile einen Kreis in seiner Farbe in ein Kästchen. Der andere darf in der gleichen Zeile oder im Kästchen über dem zuletzt gezeichneten Kreis seinen farbigen Kreis platzieren. Wer zuerst senkrecht, waagerecht oder diagonal eine Viererreihe in seiner Farbe erhält, gewinnt.

Kleine Mühle

Für 2 Spieler

Ihr braucht:
→ **1 Blatt Papier**
→ **je Spieler 3 Spielsteine in einer Farbe**

Spielanleitung

Schneidet das Papier zu einem Quadrat. Faltet es zweimal in der
Mitte und öffnet es dann wieder. Anschließend faltet ihr das Blatt
zweimal zu einem Dreieck und klappt es wieder auf. Zieht die
Blattränder und die Faltlinien mit einem Stift nach. Dann legt
abwechselnd jeder einen Stein auf den Spielplan. Das Ziel ist,
eine Mühle zu bilden. Das heißt drei Steine in eine diagonale,
waagerechte oder senkrechte Reihe zu setzen. Nachdem jeder seine
Steine platziert hat, werden sie abwechselnd entlang der Linien
zum nächsten Knoten- bzw. Eckpunkt geschoben. Der Spieler,
der als Erster eine Mühle erhält, hat gewonnen!

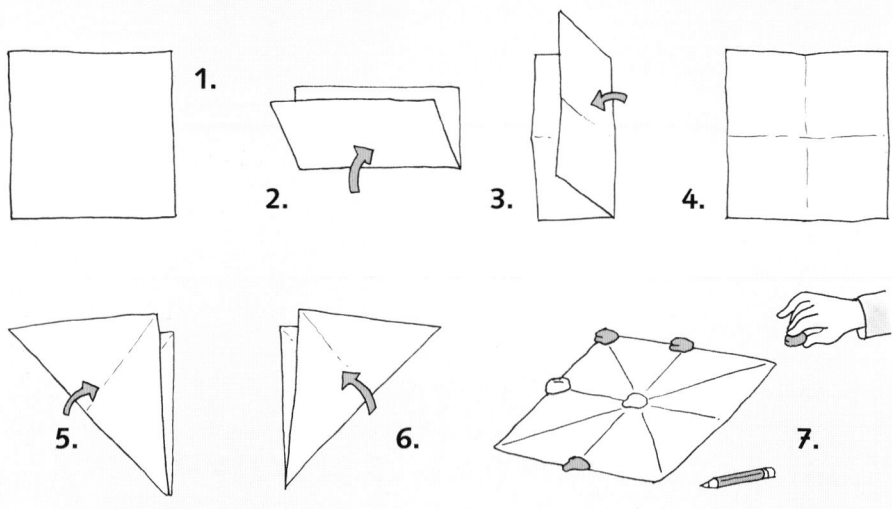

Gedächtnismalerei

Schau dir das Bild ganz genau an.
Klappe nun das Buch zu und versuche
das Haus so genau wie möglich auf
ein Blatt Papier zu zeichnen.
Vergleiche die Bilder hinterher.

Mundraub – Teil 1

Bauer Berger hat seinen Marktstand aufgebaut und holt sich nun
etwas zu trinken. Merke dir gut, welches Obst und Gemüse er wo
hingestellt hat. Dann löse den zweiten Teil der Aufgabe auf Seite 38.

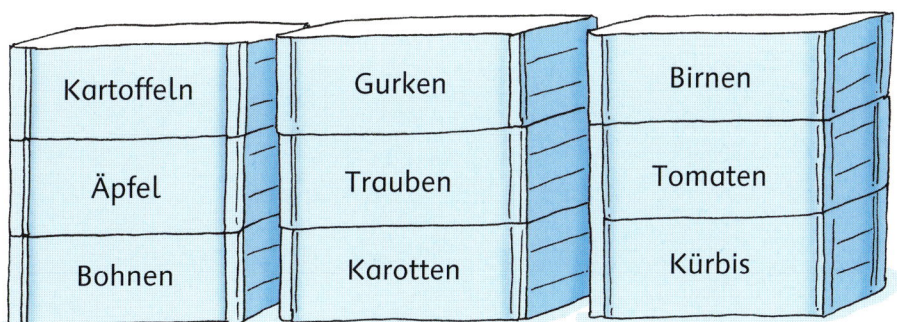

Großeinkauf

Franz soll einkaufen gehen, hat aber den Einkaufszettel vergessen. Kannst du ihm helfen? Schau dir die Listen aufmerksam an. Wenn du dir die erste gemerkt hast, klappe das Buch zu und schreibe die Begriffe auf ein Blatt. Vergleiche und präge dir danach die nächste Liste ein.

Stelle dir die Sachen bildlich vor!

Tipp

Eier
Milch
Butter
Brot
Käse

Joghurt
Tomaten
Schokolade
Sahne
Mehl
Zucker
Pudding

Salz
Nudeln
Gurke
Reis
Wurst
Apfel
Spinat
Müsli
Tee

Mundraub – Teil 2

Bauer Berger kommt an seinen Stand zurück und stellt fest, dass er bestohlen wurde. Weißt du, was fehlt?

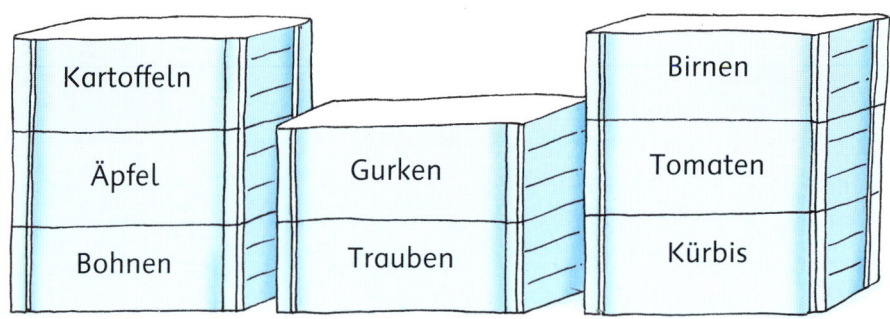

Kartoffeln

Birnen

Äpfel

Gurken

Tomaten

Bohnen

Trauben

Kürbis

Blitzmerker

Nero kann sich mit einem Trick ganz schnell diese
Telefonnummern merken. Weißt du wie?

9 5 1 1 5 9   1 4 7 3 6 9

3 5 7 7 5 3   2 5 8 0 8 5 2

Stelle dir die Nummern auf einem
Tastentelefon vor!

Tipp

Wer wohnt wo?

Lies dir die Adressen genau durch. Decke sie dann ab und versuche
die Fragen zu beantworten.
Schreibe die Antworten auf ein Blatt Papier.

Frieda Freundlich
Blumenweg 12

Sandra Hensel
Gretchenstraße 62

Andreas Semmling
Bäckerhof 81

Georg Stolz
Blumenweg 14

1. Wo wohnt Frieda Freundlich?
2. Wie heißt Frau Hensel mit Vornamen?
3. Wer wohnt im Bäckerhof?
4. Wie heißt der Nachbar von Frau Freundlich?
5. Welche Hausnummer hat Herr Semmling?

Trauminsel

Schau dir das Bild ganz genau an. Decke es dann ab und beantworte die Fragen. Schreibe die Antworten auf, ohne auf dem Bild nachzusehen.

1. Auf welcher Seite der Palme ist die Sonne?
2. Sind auf dem Bild Wolken zu sehen?
3. Wie viele Kokosnüsse trägt die Palme?
4. Hat die Palme fünf oder mehr Blätter?

Geschichtenerfinder – Teil 1

Merke dir die Wortpaare. Überlege dir dazu kurze Sätze. Zum Beispiel Ritter – Burg: Der Ritter lebt auf einer Burg. Wenn du dir die Wortpaare gemerkt hast, löse den zweiten Teil der Aufgabe auf Seite 42.

⟶ Tisch – Katze
⟶ Haus – Blume
⟶ Sonne – Vogel

⟶ Auto – Berg
⟶ Mütze – Turnschuh
⟶ Stuhl – Hund

Ferienprogramm – Teil 1

Präge dir das Ferienprogramm gut ein. Blättere dann auf Seite 43 und beantworte die Fragen.

Wochentag	Angebot	Treffpunkt
Montag	Kanufahren	See
Dienstag	Radtour	Hütte
Mittwoch	Reiten	Scheune
Donnerstag	Schnitzeljagd	Wald
Freitag	Volleyball	Feld
Samstag	Floßbau	See

Doppelt gemoppelt

Schau dir den ersten Kasten genau an und präge dir die Wörter ein.
Decke ihn dann ab und schau dir den zweiten Kasten an.
Welche Wörter findest du in beiden Kästen? Schreibe sie auf ein
Blatt Papier.

Schaf Brief Ritter Stift
Flasche Telefon Lampe Auto
Buch Glas Geld Würfel
Seife Blume Schuh Zahl

Schuh Glas Licht Schaf
Würfel Bus Blume Münze
Ritter Ziffer Brief Telefon
Stift Flasche Buch Seife

Geschichtenerfinder – Teil 2

Erinnere dich an die Wortpaare von Seite 40.
Findest du sie wieder? Schreibe sie auf.

Merks dir!

Lies den Text einmal aufmerksam durch.
Decke ihn dann ab und beantworte die Fragen.

Morgens um 7:35 Uhr geht Tobi zur Schule. Er hat einen roten Rucksack und trägt immer seine blaue Lieblingsmütze und den gestreiften Fußballschal. In der Nikolausstraße beim Zeitungskiosk trifft er sich nach 5 Minuten mit Jule und Leo. Manchmal begegnen sie vor dem Bäcker in der Kleistgasse Jules Oma Klara mit ihrem Hund Bello. Nach 15 Minuten, um 7:50 Uhr, sind sie an der Schule.

1. Welche Farbe hat Tobis Rucksack?
2. Um wie viel Uhr geht er in die Schule?
3. Wie heißt Jules Oma?
4. In welcher Straße trifft Tobi Jule und Leo?
5. Wann sind die drei an der Schule?

☀ Tante Emma Laden – Teil 1

In Tante Emmas Laden herrscht Ordnung. Jedes Regal ist
nummeriert und wird immer mit den gleichen Dingen gefüllt.
Präge dir die Gegenstände gut ein und blättere dann auf Seite 44.

Ferienprogramm – Teil 2

Schreibe die Antworten auf die Fragen zum Ferienprogramm
von Seite 51 auf ein Blatt, ohne zurückzublättern!

1. An wie vielen Tagen finden Angebote statt?
2. Welches Angebot gibt es am Montag?
3. Wo ist der Treffpunkt für die Radtour?
4. Bei welchem Angebot trifft man sich im Wald?
5. An welchem Tag wird Volleyball angeboten?

💡 Tante Emma Laden – Teil 2

Tante Emmas Regale müssen neu eingeräumt werden. Weißt du, wo was hingehört? Zeichne eine Tabelle auf ein Blatt und vervollständige sie.

💡 Superhirn

Präge dir die Buchstaben und Zahlen im linken Kasten ein. Decke nun die zwei Zeilen ab und ordne den Zahlen rechts auswendig die richtigen Buchstaben zu. Schreibe sie auf.

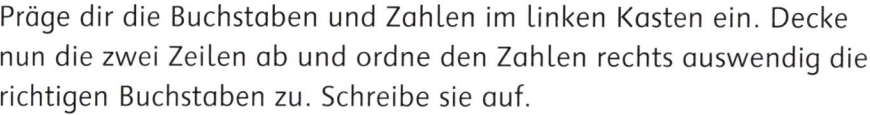

A U F G A B E
1 2 3 4 5 6 7

4 5 6 7
6 1 2
1 2 4 7

Zehn gemerkt

Für mindestens 2 Spieler

Ihr braucht:
→ *20 kleine Gegenstände*
→ *1 Tuch zum Abdecken*
→ *Stifte*
→ *Papier*

Spielanleitung

Zehn Gegenstände werden auf den Tisch gelegt und alle Mitspieler dürfen sie sich eine Minute lang einprägen. Nun wird das Tuch darüber ausgebreitet und jeder schreibt die Gegenstände, an die er sich erinnert auf einen Zettel. Sobald der Erste fertig ist, wird das Tuch wieder weggenommen und die richtigen Begriffe jedes Spielers gezählt. Wer die meisten passenden Gegenstände aufgeschrieben hat, gewinnt und darf die zehn Gegenstände für die nächste Runde aussuchen.

Variante

Jeder Spieler legt drei Gegenstände auf den Tisch, vom Kleingeld bis zum Radiergummi kann alles dabei sein. Nun prägen sich die Mitspieler die Gegenstände zwei Minuten lang ein. Dann geht ein Mitspieler aus dem Zimmer. Währenddessen nehmen die anderen drei Gegenstände wieder weg. Dann darf der Spieler von draußen wieder hereinkommen und muss herausfinden, welche Dinge fehlen. Für jeden erratenen Gegenstand erhält er einen Punkt und darf dann auch den nächsten Spieler bestimmen, der hinausgeht. Wer am Schluss, nachdem jeder einmal dran war, die meisten Punkte hat, gewinnt.

Ich packe meinen Koffer

Für mindestens 2 Spieler

Spielanleitung

Setzt euch einander gegenüber oder im Kreis auf den Boden.
Der älteste Mitspieler fängt an und sagt: „Ich packe meinen Koffer
und nehme mein … mit." Nun kommt der nächste Spieler an die
Reihe. Er wiederholt, was sein Vorgänger mitnimmt und fügt selbst
noch einen Gegenstand hinzu. Das kann sich dann beim vierten
Mitspieler etwa so anhören: „Ich packe meinen Koffer und
nehme das Rennauto, die Puppe, ein Buch und das Fahrrad mit."
Wer die Aufzählung als Letzter richtig aufsagen kann, hat
gewonnen, wer einen Fehler macht, scheidet aus.

Bücherwürmer

Zwei Bücherwürmer treffen sich und stellen sich gegenseitig
Rechenrätsel. Kannst du ihnen beim Lösen helfen?

Lena und Luis sind Geschwister. Zusammen haben sie 48 Bücher
in ihrem Zimmer. 26 davon gehören Lena. Wie viele Bücher
gehören Luis?

Annika und Carina sind richtige Leseratten. Sie möchten in den
Ferien zusammen 20 Bücher lesen. Bisher hat Carina 8 und Annika
6 Bücher geschafft. Wie viele Bücher müssen sie noch lesen?

Luca hat in 4 Tagen ein Buch mit 38 Seiten gelesen. Am zweiten
Tag hat er 12 Seiten gelesen, am dritten Tag 15 Seiten und am
vierten Tag 7 Seiten. Wie viele Seiten hat er am ersten Tag gelesen?

Scherzkeks

Was ergibt sieben mal sieben?

Helles Köpfchen 1

Versuche diese Rechenrätsel
im Kopf zu lösen.

Rechne von hinten
nach vorne.

Tipp

Einem Affen gehört ein Bananenbaum. Er überlegt:
„Wenn am Baum 6 weitere Bananen wachsen und
5 gegessen werden, dann bleiben 4 hängen."
Wie viele Bananen hängen an dem Baum?

Das Zebra hat eine Lieblingszahl. Es sagt:
„Wenn ich zu dieser Zahl 3 dazuzähle und
dann das Ergebnis halbiere, erhalte ich 5."
Welches ist die Lieblingszahl des Zebras?

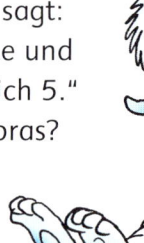

☀ Schwarzes Schaf

In jeder Reihe gehört eine Zahl nicht
zu den anderen. Findest du sie?

4   ~~14~~   8   12   16   20

11   3   ~~22~~   7   13   1

~~49~~   81   36   54   27   18

48

Lange Schlangen

Julia, Elias und Pascal wollen an Silvester Luftschlangen pusten.
Findest du heraus, wer die längste Schlange schafft?
(cm bedeutet Zentimeter)

Julia: 3 cm + 6 cm + 7 cm + 5 cm + 2 cm + 9 cm + 8 cm =

Elias: 48 cm - 2 cm - 5 cm - 6 cm - 1 cm - 3 cm - 4 cm =

Pascal: 37 cm + 3 cm - 4 cm - 7 cm + 8 cm - 2 cm + 9 cm =

Fortsetzung folgt 1

Ergänze die Zahlenreihen. Schreibe die Reihen dazu auf
ein Blatt Papier. Du kannst es auch im Kopf versuchen!

2	4	6	8	10	12	14	16
1	2	4	7	11	16	22	29
7	10	6	9	5	8	4	7

Pyramidenzauberei

Welche Zahlen gehören anstelle der Fragezeichen in die Kästchen? Die Summe jeder Pyramidenseite soll immer 10 ergeben. Es kommen nur Zahlen zwischen 1 und 9 vor und jede Zahl nur einmal je Pyramide.

Erfinde auch eigene Zauberpyramiden!

Tipp

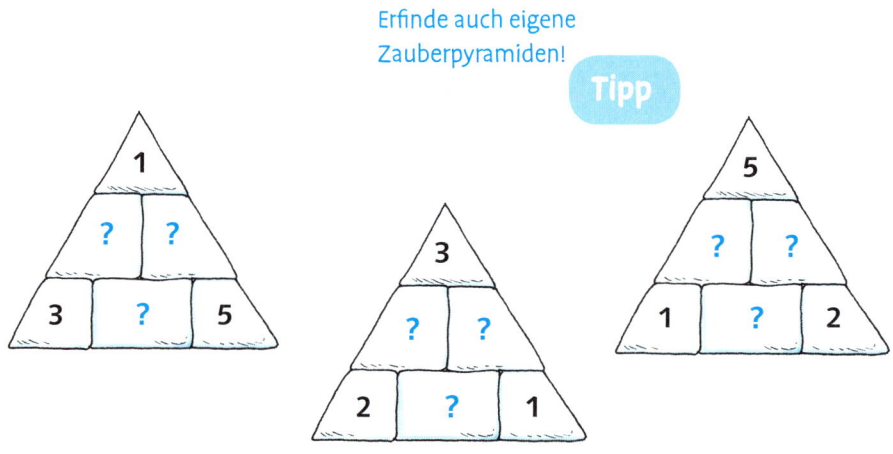

Wundersames

Wie kannst du aus der Zahl 99 die Zahl 66 machen, ohne zu rechnen?

Nina prahlt vor ihrer Freundin Stella: „Ich kann total schnell rechnen."
Stella: „ Wie viel ist 5 + 7?"
Nina: „ 14."
Stella: „Das ist total falsch!"
Nina: „Ja, aber total schnell!"

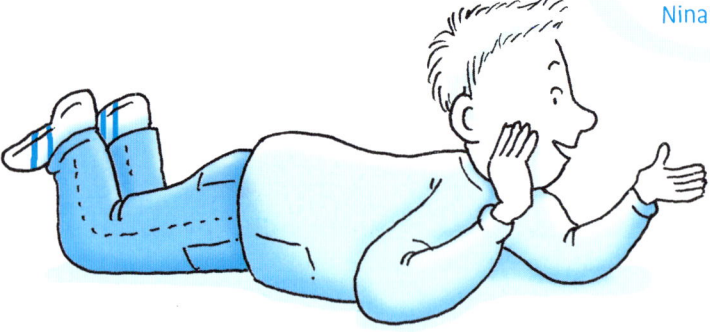

Helles Köpfchen 2

Löse diese Rechenrätsel im Kopf.
Erfinde auch eigene Rechenrätsel.

Die Schildkröte Frida ist nicht mehr die Jüngste.
Sie sagt: „Die Hälfte meines Alters ist das
Doppelte von 10." Wie alt ist die Schildkröte?

Die diebische Elster gibt mit ihren Schätzen an. Sie sagt:
„Wenn ich meine Silberstücke mal 3 nehme, habe ich 2 weniger als
20." Wie viele Silberstücke besitzt die Elster?

Rechne von hinten.

Tipp

Sudoku für Fortgeschrittene

Welche Zahlen fehlen in dem Sudoku? In jeder Zeile, in jeder
Spalte und in jedem der sechs Rechtecke sollen immer die Zahlen
von 1 bis 6 enthalten sein.

6	5	4		2	1
	2	1		5	4
2	1	6	5	4	
5		3	2	1	6
4	3		1		5
1	6	5	4	3	2

💡 Hexen-Rechnerei

Die Hexe Gundula hat als Haustiere Raben und Katzen. Zusammen haben die Tiere 20 Beine. Wie viele Raben und wie viele Katzen hat Gundula?

Denke daran, wie viele Beine Raben und wie viele Beine Katzen haben.
Zeichne dir verschiedene Varianten auf und probiere es aus. Es sind mehrere Lösungen möglich.

Tipp

Die Hexe Gundula hext sich ihr Mittagessen. Im Kochtopf gehen dabei merkwürdige Dinge vor: Die Nudeln verdoppeln sich in jeder Minute. Nach einer halben Stunde ist der Kochtopf randvoll! Nach wie vielen Minuten war der Kochtopf genau halb voll?

Überlege genau, was in einer Minute passiert! Denke daran, wie viele Minuten eine halbe Stunde hat.

Tipp

Fortsetzung folgt 2

In jeder Zahlenreihe fehlt die letzte Zahl. Weiß du, welche es ist?

1 4 9 16 25   **?**

4 8 16 32   **?**

21 1 18 1 15 1   **?**

Herzlich

Löse die Rechenaufgaben. In jedem Herz fehlt eine Zahl.
Kommst du auf das richtige Ergebnis?

$$5 \cdot 4 = \heartsuit - 8 = \heartsuit : 2 = \heartsuit + 4 = \heartsuit : 5 = 2$$

Blätterrätsel

Welche Zahlen fehlen im Blätterquadrat? Es kommen nur Ziffern
zwischen 1 und 9 vor und jede nur einmal.

6	+ 🍃 +	3	= 17
+	+	+	
🍃 +	🍃 +	🍃	= 11
+	+	+	
7	+ 🍃 +	9	= 17
=	=	=	
15	13	17	

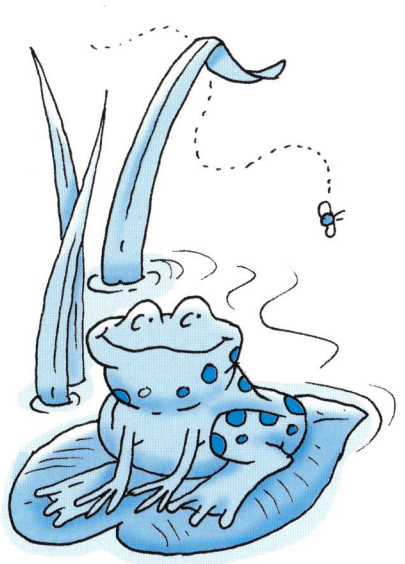

💡 Hexeneinmaleins

Die Hexe Gundula hat das Einmaleins geübt und dabei einige
Zahlen verhext. Sie hat die Zahl 7 mit der 1 und die Zahl 5 mit der
2 vertauscht (3 x 7 = 3 x 1). Wie viele Aufgaben stimmen noch?

3 x 7 = 3   4 x 5 = 8   5 x 7 = 2
6 x 5 = 30   7 x 1 = 7

Profi-Sudoku

Welche Zahlen fehlen in dem Sudoku? In jeder Zeile, in jeder
Spalte und in jedem der neun kleinen Quadrate sollen immer die
Zahlen von 1 bis 9 enthalten sein.

	3	1	2		6	5	9	
5		9	4	3	7	8		2
4	2		5		1		3	6
2	8	5		6		9	7	1
	1		7		5		8	
3	7	4		1		2	6	5
8	9		6		3		4	7
6		7	1	4	8	3		9
	4	3	9		2	6	5	

Nah, näher, am nächsten

Für mindestens 2 Spieler

Ihr braucht:
→ **1 Würfel**
→ **Stift und Zettel**

Spielanleitung

Einigt euch auf eine Zahl zwischen 50 und 100.
Diese Zahl darf beim Würfeln nicht erreicht oder
überschritten werden. Das Ziel ist, mit dem Würfelergebnis
möglichst nah an die ausgewählte Zahl heranzukommen.
Es wird im Uhrzeigersinn der Reihe nach gewürfelt. Das jüngste
Kind beginnt.
Das jeweilige Ergebnis wird notiert und die Zahlen der folgenden
Runden dazugezählt. Meint ein Spieler, nah genug herange-
kommen zu sein, setzt er aus. Überschreitet ein Spieler jedoch die
ausgewählte Zahl, scheidet er aus und die anderen beginnen
wieder bei null. So bleibt am Ende nur noch ein Spieler übrig.

Variante

Ziel des Spiels ist es, durch Würfeln die Zahl 21 zu erreichen.
Das älteste Kind beginnt.
Gewürfelt werden darf so lange mit bis zu drei Würfeln, wie der
Spieler möchte – vorausgesetzt die Summe der gewürfelten Zahlen
bleibt unter 21. Liegt sie darüber, ist die Runde verloren.
Fünf Punkte gehen dagegen an jeden, der die 21 genau erreicht,
einen Trostpunkt gibt es für denjenigen, der am nächsten dran ist.
Nach fünf Runden werden die Punkte zusammengezählt. Sieger ist,
wer die höchste Gesamtpunktzahl erreicht hat.

Die verbotene Zahl

Für mindestens 3 Spieler

Spielanleitung

Wählt als Erstes einen Spielleiter. Dieser darf die verbotene Zahl festlegen, z.B. die 3. Diese Zahl darf nicht genannt werden.
Auch alle anderen Zahlen mit einer 3, wie 23, 33 usw., sind damit verboten. Der Spielleiter stellt dem ersten Spieler eine einfache Rechenaufgabe, die er im Kopf lösen kann (z.B. 7-4). Enthält das Ergebnis die verbotene Zahl (7-4 =3), muss der Spieler die Antwort wiederum als Aufgabe ausdrücken (1+2). Nun hat er die erste Runde überstanden und der Spielleiter stellt dem nächsten Spieler eine Rechenaufgabe. Sagt ein Spieler die verbotene Zahl, scheidet er aus.

Variante

Dieses Spiel lässt sich auch gut mit Einmaleinsaufgaben spielen. Dann ist es zum Beispiel verboten, Zahlen der 3er-Reihe zu nennen. Die Spieler sitzen im Kreis und zählen ab 1 aufwärts. Anstelle der verbotenen Zahlen wird „ups" gesagt.

SPRACHE

Seite 7
Tierischer Wörterstau
LÖWE ELEFANT ZEBRA EISBÄR AFFE
NASHORN GIRAFFE ANTILOPE
Der Eisbär ist hier falsch. Er lebt nicht
in Afrika.

GNU WARZENSCHWEIN TIGER LEOPARD
HYÄNE GEIER BÜFFEL
Der Tiger ist falsch. Er lebt ebenfalls
nicht in Afrika.

Selbstlautdieb
Du findest die Selbstlaute in der Hütte am
Bach. Öffne die Tür und gehe in die Küche.
Dort musst du die Schublade aufmachen
und den Schlüssel herausnehmen. Nun
kannst du den Schrank aufschließen und
die Selbstlaute herauslassen.

Seite 8
Blinder Passagier
Die Tasse ist kein Möbelstück.
Die Biene hat sechs und nicht vier Beine.
Paris liegt nicht in Deutschland.
Die Ente ist ein Wasservogel.

Seite 9
Grenzenverschieber
Die Maus isst Käse.
Der Papagei sitzt auf dem Elefanten.
Der Gärtner kauft Blumentopferde.
Die braune Kuh macht leise Muh.

Scherzkekse
1. Der Schlüssel
2. Der Fluss
3. Der Trompeter
4. Man stellt sich hinten an.
5. Sie nimmt das A weg und fliegt.

Seite 10
Wer oder was bin ich?
1. Kuckuck
2. Zange
3. Schnecke
4. Hase
5. Reiter mit Pferd

Buchstaben-Sudoku

D	A	C	B
B	C	D	A
C	B	A	D
A	D	B	C

Seite 11

Streng geheim! Mission 1

Die Botschaft lautet: Hilfe! Die Entführer bringen mich zum Laubwald.

Eichen sind Laubbäume. Der Inspektor findet den nächsten Hinweis im Süden.

Buchstabenchaos

Delfin
Pottwal
Seestern
Hammerhai
Tintenfisch
Feuerqualle
Seepferdchen
Meeresschnecke

Seite 12

Lage: egal

Anna, Rentner
Lagerregal, Reittier
Gnubelebung

Buchstabenfresser

Nette **R**ehe re**tt**en.
Rettender Re**tt**er, red ne**tt**er!
Sei **f**ein, nie fies!
Ein Ese**l** **l**ese nie.
Trug **Tim** eine so helle Hose **nie** mit Gurt?

Seite 13

Streng geheim! Mission 2

Die Botschaft lautet: Wir gehen zur alten Jagdhütte. Dort liegt der Schlüssel. Vorsicht Dornen!
Der Schlüssel liegt im Blumentopf mit den Rosen.

Scherzkekse 2

1. Die Tür geht nicht zu.
2. Er trinkt aus der Flasche.
3. Weil es keinen Daumen hat.
4. Ein Maulwurf im Nachthemd.
5. Ein Spatz im Kettenhemd.

Seite 14

Silben-Sudoku

BLU	MEN	GAR	TEN
GAR	TEN	BLU	MEN
TEN	BLU	MEN	GAR
MEN	GAR	TEN	BLU

Häschen hüpf

Luis beobachtet drei Hasen. Alle drei hoppeln in einer Reihe hintereinander.

WAHRNEHMUNG UND KONZENTRATION

Seite 17

Was ist gleich?

Reihe 1: Fisch 1 und 4
Reihe 2: Krone 2 und 4
Reihe 3: Strumpf 1 und 3

Zahlenverdreher

1. 504405
3. 483384
5. 51315
6. 13531

Seite 18

Eindeutig zweideutig

Du kannst eine Vase und zwei Männerköpfe sehen.

Kauderwelsch

Ich heiße Xexano.
Mir gefällt es auf der Erde.
Am liebsten fahre ich Fahrrad im Mondschein.

Seite 19
Verschlungene Wege
Weg A führt zur Mohrrübe. Weg B führt
zum Blumentopf. Weg C führt zum Käse.

Papperlapapp
„Im Sommer sind besonders lange Ferien."
„Am Strand steht eine große Palme."
„Heute Abend schaue ich Fernsehen."

Seite 20
Schwarz auf weiß
1e, 2a, 3d, 4f, 5b, 6c

Der scharfe Blick
Im ersten Zahlenblock hat sich eine 7
versteckt, im zweiten eine 8 und im dritten
eine 9.

Seite 21
Schau genau!
Beide Linien sind genau gleich lang.
Beide Innenkreise sind gleich groß.

Zahlenzauberei

  Ausgangszahl
+ umgedrehte Ausgangszahl
_____

  Zwischenergebnis
+ umgedrehtes Zwischenergebnis
_____

  Zahlendreher

Seite 22
Sonnig und heiter

(Bildrätsel – Gitter mit Wettersymbolen)

Seite 23
Kippkönig
Bei Herbert liegt die 1 oben.
Bei Mimi liegt die 6 oben.
Bei Alfons liegt die 5 oben.
Mimi hat gewonnen.

Ohne Unterbrechung

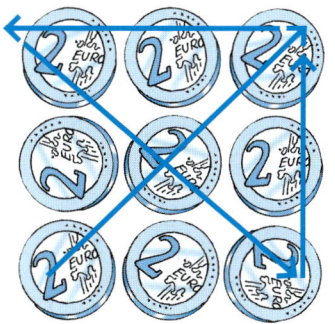

Seite 24
Auf den ersten Blick?

Buchstabensammler
1. 5 mal F
2. 11 mal Z
3. 15 mal E

LOGIK

Seite 27
Bunt gemischt
Zwerg Mixus hat vier verschiedene
Kombinationsmöglichkeiten:
1. gelbes T-Shirt und gelbe Hose
2. gelbes T-Shirt und grüne Hose
3. grünes T-Shirt und grüne Hose
4. grünes T-Shirt und gelbe Hose

Zündende Idee 1

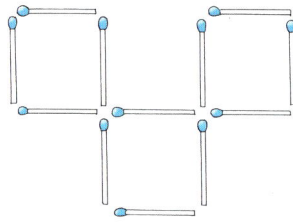

Seite 28
Zauberrat
Bings Hut ist gelb, Rexmex´ grasgrün,
Abrakas rosarot und der von Blauratius
ist lilablassblau.

Piratenschatz
Ein Pirat bekommt das Goldstück mit dem
Säckchen, die anderen je ein Goldstück.

Seite 29
Ritterturnier
Links: Kunibert ist Erster geworden und
hat die Goldmünzen gewonnen.

Mitte: Götz hat als Zweiter den Pokal
erhalten.

Rechts: Siegfried hat als Dritter die
Bronzemedaille bekommen.

Tierisches Trio
Marie hat einen Hasen, Lea eine Katze
und Pia gehört das Meerschweinchen.

Seite 30
Eiereinerlei
Du brauchst ebenfalls vier Minuten.

Augenzeuge
Udo ist der Täter.

Seite 31
Umgedacht
□ = 3; △ = 9; ○ =12; ? = 4

3 x 3 = 9
12 - 3 = 9
9 + 3 =12
12 : 3 = 4

Ene mene Miste
Es werden vier Gruppen mit je fünf Kindern
gebildet (4x5=20) und eine Gruppe mit
sechs Kindern. (20+6=26).

Doppelpack
Großvater, Vater und Sohn unternehmen
zusammen eine Kanutour. Der Vater ist
gleichzeitig der Sohn des Großvaters.

Seite 32
Klar wie Kloßbrühe!
Die dritte Tochter heißt natürlich Maja.

Zündende Idee 2

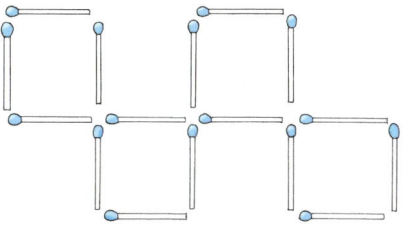

Seite 33
Um-die-Ecke-Denker: Burgbaumeister
Katja hat die größte Burg gebaut, dann folgen Andi und Flo. Tines Burg ist die kleinste.

Adlerauge

Fisch	Blatt	Sonne	Axt	Pfeil
Blatt	Sonne	Axt	Pfeil	Fisch
Sonne	Axt	Pfeil	Fisch	Blatt
Axt	Pfeil	Fisch	Blatt	Sonne
Pfeil	Fisch	Blatt	Sonne	Axt

Seite 34
Schneckenstrecken
Die Schnecke erreicht am 8. Tag die 10 Meter hohe Spitze des Baums.

Zahlenreihenknacknuss
Die Zahlen sind nach ihren Anfangsbuchstaben geordnet: **A**cht **D**rei **E**ins **F**ünf **N**eun **S**echs **S**ieben **V**ier **Z**wei

GEDÄCHTNIS UND MERKFÄHIGKEIT

Seite 38
Mundraub Teil 2
Die Karotten wurden gestohlen.

Seite 39
Blitzmerker

1 2 3	1 2 3	1 2 3	1 2 3
4 5 6	4 5 6	4 5 6	4 5 6
7 8 9	7 8 9	7 8 9	7 8 9
0	0	0	0

951159   357753   147369   2580852

Wer wohnt wo?
1. Frieda Freundlich wohnt im Blumenweg 12.
2. Frau Hensel heißt Sandra.
3. Andreas Semmling wohnt im Bäckerhof.
4. Der Nachbar von Frau Freundlich heißt Georg Stolz.
5. Herr Semmling hat die Hausnummer 81.

Seite 40
Trauminsel
1. Die Sonne ist links.
2. Ja, es sind zwei Wolken zu sehen.
3. Die Palme trägt drei Kokosnüsse.
4. Die Palme hat fünf Blätter.

Seite 41
Doppelt gemoppelt
Schaf – Brief – Ritter – Stift
Flasche – Telefon
Buch – Glas – Würfel
Seife – Blume – Schuh

Seite 42
Geschichtenerfinder Teil 2
Tisch – Katze
Haus – Blume
Sonne – Vogel
Auto – Berg
Mütze – Turnschuh
Stuhl – Hund

Merks dir!
1. Tobis Rucksack ist rot.
2. Um 7:35 Uhr geht Tobi los.
3. Jules Oma heißt Klara.
4. In der Nikolausstraße.
5. Um 7:50 Uhr sind sie an der Schule.

Seite 43
Ferienprogramm Teil 2
1. An sechs Tagen finden Angebote statt.
   (Montag bis Samstag)
2. Am Montag kann man Kanu fahren.
3. Der Treffpunkt für die Radtour ist die Hütte.
4. Zur Schnitzeljagd trifft man sich im Wald.
5. Am Freitag wird Volleyball angeboten.

Seite 44

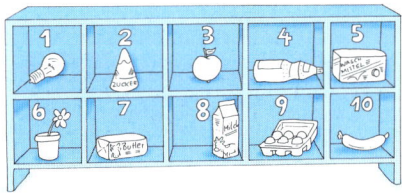

Superhirn
4 5 6 7
G A B E

6 1 2
B A U

1 2 4 7
A U G E

RECHNEN

Seite 47
Bücherwürmer
Luis gehören 22 Bücher. Annika und Carina müssen zusammen noch 6 Bücher lesen.
Luca hat am ersten Tag 4 Seiten gelesen.

Scherzkeks
Sieben mal sieben ergibt feinen Sand.

Seite 48
Helles Köpfchen 1
Am Baum hängen 3 Bananen.
Die Lieblingszahl des Zebras ist 7.

Schwarzes Schaf
14 gehört nicht zur 4er-Reihe.
22 ist keine Primzahl (Zahlen die nur durch 1 und sich selbst teilbar sind.).
49 gehört nicht zur 9er-Reihe.

Seite 49
Lange Schlangen
Pascal pustet mit 44 cm die längste Luftschlange.
Julia schafft eine Schlange mit 40 cm.
Elias pustet eine 27 cm lange Luftschlange.

Fortsetzung folgt 1
2 4 6 8 **10 12 14 16** (immer +2)
1 2 4 7 **11 16 22 29**
(+ 1; +2; +3; +4; +5; +6; +7)
7 10 6 9 **5 8 4 7** (+3; -4; +3; -4...)

Seite 50
Pyramidenzauberei

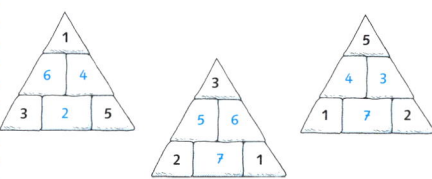

Wundersames
Die Zahl 99 muss nur auf den Kopf gestellt werden.

Seite 51

Helles Köpfchen 2

Die Schildkröte Frida ist 40 Jahre alt.
Die diebische Elster besitzt 6 Silberstücke.

Sudoku für Fortgeschrittene

6	5	4	**3**	2	1
3	2	1	**6**	5	4
2	1	6	5	4	**3**
5	**4**	3	2	1	6
4	3	**2**	1	**6**	5
1	6	5	4	3	2

Seite 52

Hexen-Rechnerei

Gundula hat entweder:
1 Katze und 8 Raben (4+16) oder
2 Katzen und 6 Raben (8+12) oder
3 Katzen und 4 Raben (12+8) oder
4 Katzen und 2 Raben (16+4).

Der Kochtopf von Hexe Gundula war nach
29 Minuten halb voll.

Fortsetzung folgt 2

1 4 9 16 25 **36** (immer + aufeinander-
folgende ungerade Zahlen
+3;+5;+7;+9;+11;)
4 8 16 32 **64** (immer x 2)
21 1 18 1 15 1 **12** (Die 1 steht jeweils
zwischen den Zahlen die ab 21 immer 3
weniger werden.)

Seite 53

Herzlich

5 x 4 = 20 – 8 =12 : 6 = 2+ 4 =10 : 5 = 2

Blätterrätsel

```
6 + 8 + 3 = 17
+   +   +
2 + 4 + 5 = 11
+   +   +
7 + 1 + 9 = 17
||  ||  ||
15  13  17
```

Seite 54

Hexeneinmaleins

3 Aufgaben sind richtig:
3 x 7 = 1 (3 x 1= 1)
4 x 5 = 8 (4 x 2 = 8)
5 x 7 = 2 (2 x 1= 2)

Profi-Sudoku

7	3	1	2	**8**	6	5	9	**4**
5	**6**	9	4	3	7	8	**1**	2
4	2	**8**	5	**9**	1	**7**	3	6
2	8	5	**3**	6	**4**	9	7	1
9	1	**6**	7	**2**	5	**4**	8	**3**
3	7	4	**8**	1	**9**	2	6	5
8	9	**2**	6	**5**	3	**1**	4	7
6	**5**	7	1	4	8	3	**2**	9
1	4	3	9	**7**	2	6	5	**8**

Bibliografische Information der Deutschen Nationalbibliothek:
Die Deutsche Nationalbibliothek verzeichnet diese Publikation
in der Deutschen Nationalbibliografie. Detaillierte bibliografische
Daten sind im Internet über **http://dnb.d-nb.de** abrufbar.

4   3   2   1   13   12   11   10

© 2010 Ravensburger Buchverlag Otto Maier GmbH
Postfach 1860
88188 Ravensburg
Alle Rechte, auch die des auszugsweisen Nachdrucks,
der fotomechanischen Wiedergabe und der Übersetzung, vorbehalten.
Text: Tanja Bürgermeister, Katrin Burike
Illustrationen: Falko Honnen
Umschlagfoto: Martin Knorpp, Becker Studios
Layout: Eva Drewniok
Redaktion: Tina Beutner
Printed in Germany

ISBN 978-3-473-55207-8

www.ravensburger.de